풀잎에 맺힌 아침 이슬을 보았나요?
우리 아이의 마음이 그처럼 맑고 영롱하다면 얼마나 좋을까요.
성장 감성 동화 시리즈 **'맑고 고운 햇살북'** 은
아이의 마음에 한 점 구김이 가지 않도록 환히 비춰 줄 거예요.

글 햇살어린이동화연구회

〈햇살어린이동화연구회〉는 아이들의 가슴에 예쁜 꽃씨를 심어 주기 위해 설립된 모임입니다.

지능 계발이나 지식 습득보다는 맑고 아름다운 마음을 가질 수 있게 하는, 특히나 아이들이 자라나는 시기에

겪을 수 있는 일을 통해 스스로 생각하고 느끼게 해 줄 수 있는 동화를 쓰기 위해 노력합니다.

감성적인 사랑시로 많이 알려진 이정하 시인이 대표 작가이며 서정우, 홍결, 임유란, 강혜경,

김인숙, 류춘우, 이지혜, 김영순, 곽미영, 임수진, 박현숙 등 현역 시인, 소설가, 동화 작가들이 회원입니다.

유아 교육 전문가 김육옥, 권경희, 김윤희, 김현지 등이 자문 위원으로,

그리고 유치원 현장에서 아이들을 지도하는 김민숙, 임강빈, 구현주, 신미경 등이 연구 위원으로 활동하고 있습니다.

그림 김충열

그림을 그린 김충열 선생님은 동양화를 전공했고, 예문회 및 출판미술협회 회원입니다.

그림을 그린 책으로는 〈모모타로〉, 〈지혜로운 형제〉, 〈토끼의 꾀〉, 〈이순신〉, 〈초롱불〉, 〈무영탑〉 등이 있습니다.

성장 감성 동화
맑고 고운 **햇살**북

사랑과 이해가 자라나는 이야기 · 02
고향 집 뜰에 피었던 민들레

민들레가 전해 준 사랑

펴 낸 날 2009년 11월 30일
펴 낸 이 박도선
펴 낸 곳 태동출판사
편   집 전석구, 정하나, 임유진
디 자 인 박성민, 이향숙, 고윤이
마 케 팅 김시태, 이정희, 전흥표
출판 등록 1999년 6월 10일, 제10-1773호
주   소 413-756 경기도 파주시 교하읍 문발리 파주출판단지 520-9번지
전   화 031-955-0380, 031-955-0383(편집부)
팩   스 031-955-0384
고객 상담 080-955-0382
전자 메일 dosi1@chollian.net
홈페이지 www.taedongbooks.com

사랑과 이해가 자라나는 이야기 · 02

민들레가 전해 준 사랑

글 햇살어린이동화연구회 ｜ 그림 김충열

태동출판사

작은 오두막에
엄마와 어린 아들이 살고 있었어요.
가난한 살림이라 사는 게 무척 힘들었어요.
그럴 때면 뜰에 핀 **작은 꽃**들을 보며
서로를 위로했어요.

아들은 자라서 멀리 떠나게 되었어요.

처음엔 열흘이 멀다 하고 달려왔지요.

하지만 시간이 갈수록 오는 날이 줄어들었어요.

그래도 엄마는 서운해 하지 않았어요.

아들이 잘되기만을 **간절히** 기도했어요.

어느 해 가을,
엄마는 **그만** 병을 얻고 말았어요.
아들이 보고 싶어서 생긴 병이었지요.
하지만 이제 엄마는 아파서
아들에게 갈 수도 없었지요.

뜰에 있는 꽃들이 의논했어요.

"이를 어쩌면 좋아?"

"우리가 할 수 있는 방법은 없을까?"

"유난히 꽃을 좋아했으니 우리 중 하나라도 보게 된다면,

옛 생각을 떠올리고 틀림없이 엄마를 보러 올 거야."

"그래, 우리가 찾아 나서자."

제일 먼저 나팔꽃이 나섰어요.
나팔꽃은 눈에도 잘 띄고
덩굴을 감아 울타리를 넘는 재주가 있으니까요.
하지만 멀리 가기는커녕 **나팔꽃씨**는
울타리 밑으로 뚝 떨어지고 말았어요.

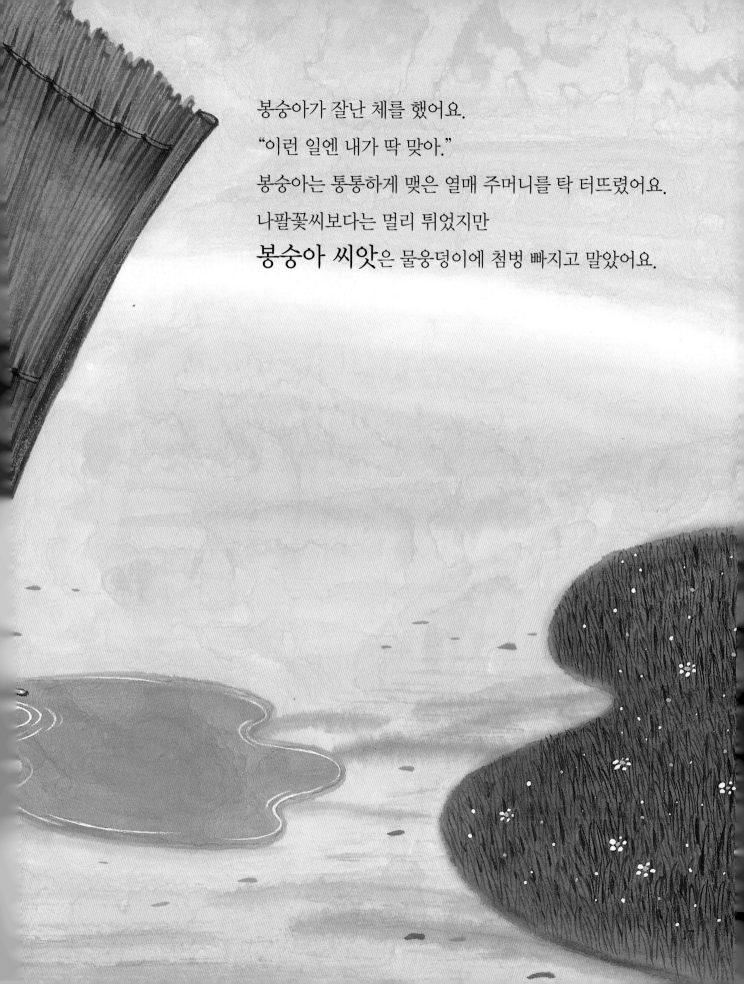

봉숭아가 잘난 체를 했어요.

"이런 일엔 내가 딱 맞아."

봉숭아는 통통하게 맺은 열매 주머니를 탁 터뜨렸어요.

나팔꽃씨보다는 멀리 튀었지만

봉숭아 씨앗은 물웅덩이에 첨벙 빠지고 말았어요.

꽃들은 모두 걱정만 했어요.

그때, 민들레가 조심스럽게 말했어요.

"내가 한번 해 볼게요."

뜰에 있는 모든 꽃들이 깔깔대고 웃었어요.

"나팔꽃도 봉숭아도 못한 일을,

너처럼 작은 꽃이 하겠다고?"

민들레는 수줍게 고개를 끄덕였어요.

그러자 하얀 솜털이 붙은 **민들레씨**가 바람결을 타고 풀풀 날아갔어요.

민들레씨는 도시 한가운데로 날아갔어요.

하마터면 하수도 구멍으로 빠질 뻔도 했고요,

자동차 바퀴에 갈릴 뻔도 했어요.

도시는 너무 복잡해서 아들을 찾을 수가 없었어요.

결국 민들레씨는 지쳐서, 늦게까지 불이 켜 있는 집

창밖에 놓인 빈 화분에 내려앉고 말았어요.

이듬해 봄이 왔어요.

드르륵 창문을 열고 내다본 사람은

민들레가 그토록 찾아 헤매던 아들이었어요.

"아, 고향 집 뜰에 피었던 민들레구나.

그동안 까맣게 잊고 있었으니 엄마가 얼마나 서운했을까?"

아들은 곧장 엄마에게 달려갔어요.

엄마는 민들레처럼 환하게 웃으며 아들을 반겼어요.

아빠·엄마가 **선생님**이 되어 주세요

귀 기울여 들어 봐요

엄마가 아기를 낳듯이 꽃들도 아기를 낳아요.

꽃들이 낳은 아기는 씨앗이에요.

씨앗이 땅 위에 뿌려지면 예쁘고 귀여운 꽃들이 피어나지요.

민들레씨는 새처럼 날 수 있어요.

봄이면 작고 귀여운 민들레씨를 만날 수가 있지요.

민들레씨가 훨훨 날아 아들에게 엄마의 마음을 전할 수 있어서 참 다행이에요.

누군가에게 사랑을 전하고 행복을 가져다 줄 수 있다는 것은 참 기쁜 일이에요.

우리도 누군가에게 도움을 줄 수 있는 따뜻한 어린이가 되도록 노력해야 해요.

또랑또랑 말해 봐요

♥ 여러분이 어른이 되어 부모님의 곁을 떠난다면 부모님의 마음은 어떨까요?

♥ 만약 여러분이 민들레씨처럼 하늘을 날 수 있다면 어디를 제일 가 보고 싶나요?

저요! 저요! 퀴즈

⭐ 엄마를 자주 찾아오지 않는 아들에게 엄마는 어떤 마음이었나요?

① 괘씸해서 화가 났어요.

② 서운해 하지 않고 아들이 잘되기만을 기도했어요.

③ 아들이 사는 곳에 찾아가 혼을 내 주었어요.

⭐ 다른 꽃들도 병든 엄마를 도와주고 싶었어요. 하지만 방법이 없었지요.
그런데 어떻게 민들레가 그 일을 해낼 수 있었을까요?

① 꽃들 중에 가장 힘이 세기 때문이에요.

② 덩굴을 감아 울타리를 넘는 재주가 있기 때문이에요.

③ 씨가 바람결을 타고 날 수 있기 때문이에요.

정답
② / ③

생각 키우기

어떤 꽃이 가장 아름다울까요? 장미, 진달래, 기타 등등…….
예쁘다고 생각하는 꽃 이름을 모두 적어 보세요.

코스모스

민들레

성장 감성 동화
맑고 고운 햇살북　사랑과 이해가 자라나는 이야기 · 02